镇赉文物精粹

吉林省文物考古研究所
镇赉县文物管理所
镇赉县博物馆 编著

科学出版社
北京

图书在版编目（CIP）数据

镇赉文物精粹 / 吉林省文物考古研究所, 镇赉县文物管理所, 镇赉县博物馆编著. —北京：科学出版社, 2016.3

ISBN 978-7-03-047602-9

Ⅰ.①镇…　Ⅱ.①吉…　②镇…　③镇…　Ⅲ.①文物－介绍－镇赉县 Ⅳ.①K872.344

中国版本图书馆CIP数据核字（2016）第047107号

责任编辑：孙　莉　王琳玮／责任校对：张凤琴
责任印制：肖　兴／书籍设计：北京美光设计制版有限公司

科 学 出 版 社　出版

北京东黄城根北街16号
邮政编码：100717
http://www.sciencep.com

文物出版社印刷厂　印刷

科学出版社发行　各地新华书店经销

*

2016年3月第 一 版　　开本：889×1194　1/16
2016年3月第一次印刷　　印张：8 1/4
字数：226 000

定价：168.00元

（如有印装质量问题，我社负责调换）

编辑委员会

主 编

安文荣　刘雪山

副主编

吴　辉　王　聪　赵　昕

编　辑（以姓氏笔画为序）

孙立峰　李建波　张红旭　芮　贺　韩　宇

目录

璀璨的草原文化……………001

第一章　旧石器时代

镇赉县旧石器时代遗址分布图……008
野牛角化石……………010
王氏水牛角化石……………011
野牛角化石……………012
披毛犀头骨化石……………012
野牛角化石……………014

第二章　新石器时代

镇赉县新石器时代遗址分布图……016
矛形石犁……………018
舌形石犁……………019
刮削器……………020
石片……………020
刮削器……………020
石锄……………021
鹤嘴锄……………022
石斧……………022
石斧……………023
石磨具……………024

石矛……………025
石镞……………026
石镞……………026
石镞……………026
玉斧……………027
玉斧……………028
玉饰……………028
玉环……………029
玉环……………030
玉坠……………031
玉珠……………031
石人头像……………032

第三章　青铜时代

镇赉县青铜时代遗址分布图……034
红衣陶壶……………036
红衣陶壶……………037
长颈陶壶……………038
单耳陶壶……………039
红衣陶壶……………040
陶罐……………041
陶罐……………042
陶钵……………043

陶鬲 ································ 044

陶鬲 ································ 045

红衣陶碗 ························ 046

陶碗 ································ 046

陶三足器 ························ 047

陶三足器 ························ 047

菱形陶杯 ························ 048

陶支座 ···························· 048

陶纺轮 ···························· 049

陶盅 ································ 049

陶球 ································ 049

铜刀 ································ 050

铜刀 ································ 050

铜刀 ································ 051

铜刀 ································ 051

鹿形牌饰 ························ 052

铜泡 ································ 052

铜矛 ································ 053

铜镞 ································ 053

铜镞 ································ 053

耳坠 ································ 054

耳坠 ································ 054

铜铃 ································ 054

铜铃 ································ 054

铜环 ································ 055

铜环 ································ 055

铜环 ································ 055

铜锥 ································ 056

骨镞 ································ 056

玉环 ································ 057

骨饰坠 ···························· 058

绿玉石饰件 ···················· 058

绿玉石饰件 ···················· 058

第四章　辽金时代

镇赉县辽金时代遗址分布图 ········ 060

鸡腿坛 ···························· 062

鸡腿坛 ···························· 063

鸡腿坛 ···························· 064

鸡腿坛 ···························· 065

铁铧 ································ 066

瓮 ································ 067

酱釉瓮 ···························· 068

酱釉罐 ···························· 069

酱釉高腹壶 ···················· 070

酱釉细口瓶 ···················· 071

酱釉小瓷坛 ···················· 072

绿釉陶壶 …………………… 073

黄釉瓷壶 …………………… 074

白釉瓷碟 …………………… 075

酱釉瓷碟 …………………… 075

酱釉瓷盘 …………………… 075

酱釉瓷盘 …………………… 076

白釉瓷碗 …………………… 076

熏炉 ………………………… 077

铜人饰 ……………………… 077

陶兽首 ……………………… 078

神兽铜镜 …………………… 079

三童持花铜镜 ……………… 080

二龙戏珠铜镜 ……………… 081

铜箸 ………………………… 082

鎏金压花铜筒状器 ………… 082

铜铧范 ……………………… 083

铁铧 ………………………… 084

铁铧 ………………………… 084

铁铧 ………………………… 085

鱼纹铁釜 …………………… 085

"行尚书六部"印 …………… 086

第五章　　元明清时代

镇赉县元明清时代遗址分布图 …… 088

磁州窑白地黑花瓷瓮 ………… 090

磁州窑白地黑花器盖 ………… 091

青绿釉瓷盘 …………………… 091

吾剌毛舟站印 ………………… 092

建筑饰件 ……………………… 093

滴水 …………………………… 093

板瓦 …………………………… 094

青花瓷碗 ……………………… 094

莲花座大肚铜佛像 …………… 095

铜关羽像 ……………………… 096

八手十一铜佛像 ……………… 097

紫砂蜡台 ……………………… 098

青花瓷碗 ……………………… 099

青花瓷碗 ……………………… 099

寿字青花瓷碗 ………………… 100

山水画瓷盘 …………………… 101

霁蓝釉瓷瓶 …………………… 102

青花喜字瓷罐 ………………… 103

菊花瓷罐 ……………………… 104

荷花瓷瓶 ……………………… 104

青花喜字瓷掸瓶（一对）…… 105

胭脂红瓷痰盂 ………………… 106

镇赉文物精粹

陶罐 …………………………… 107

玉鼻烟壶 …………………………… 108

斗鸡瓷鼻烟壶 …………………………… 108

三彩狮子花插 …………………………… 109

铜弥勒佛像 …………………………… 110

铜骷髅 …………………………… 111

铜勺 …………………………… 111

铜蜡台 …………………………… 112

双耳三足铜香炉 …………………………… 113

锡壶 …………………………… 113

铁釜 …………………………… 114

莲花座木看台 …………………………… 114

建筑饰件 …………………………… 115

饰件 …………………………… 115

瓦当 …………………………… 116

瓦当 …………………………… 116

檐瓦 …………………………… 117

檐瓦 …………………………… 117

琉璃瓦 …………………………… 118

琉璃瓦 …………………………… 119

咸丰重宝 …………………………… 120

编后语 …………………………… 121

璀璨的草原文化

镇赉县位于吉林省西北部，南起北纬 45°28′，北至北纬 46°18′；西起东经 122°47′，东至东经 124°04′。东靠嫩江与黑龙江杜尔伯特蒙古族自治县、肇源县隔江相望。西连内蒙古自治区科尔沁右翼前旗。南和西南分别与大安市、洮南市、白城市洮北区为邻。北与黑龙江省泰来县、内蒙古自治区扎赉特旗接壤。东西长 99.9 千米，南北宽 92.7 千米，总面积为 4737 平方千米。

全县辖 7 个镇、4 个乡、7 个场站、141 个行政村及 1 个国家级自然保护区（莫莫格湿地）。镇赉县自古以来就是多民族融汇聚居的地方，境内有汉、蒙古、满、朝、回、达斡尔等民族，总人口近 29.5 万人，其中汉族占 92.3%，少数民族中以蒙古族人口最多，近 1.8 万人，主要集中在莫莫格乡和哈吐气乡。

镇赉县东部、南部为松嫩平原，北部、西部与大兴安岭外围台地相连，地势西北高东南低，西北部海拔在 160～210 米。县东有嫩江自北向南流经县境 111.5 千米；南有洮儿河自西向东流经县境 117 千米，两水于县东南部汇合形成了低洼肥沃的三角洲地带；境内还有呼尔达河、二龙涛河等河流分别注入嫩江和洮儿河。县东部、南部沿江河畔是广阔的冲积平原，北部和西部是草原、沙丘、沼泽地相间地带。县境内土壤以草甸、淡黑钙土为主，局部还有黑钙土、风沙土、栗钙土等，植被属松嫩平原草原类型植被。

整个镇赉县地势平坦、草原肥美，泡沼遍布，尤其是嫩江、洮儿河交汇处形成的三角区——沿江、大屯、莫莫格、黑渔泡等几个乡镇更是水草丰茂，四季分明，景色宜人，是远近闻名的鱼米之乡，这里有多种珍禽异兽、名花奇草。1997 年莫莫格被升为国家级自然保护区，是中国著名的几大湿地之一，特殊的地理环境和良好植被条件为鸟类等珍稀野生动物提供了良好的栖息繁衍环境和丰富的食物，这里是著名仙鸟丹顶鹤的故乡。这处三角区也为数千年来人类生息繁衍之地，这块土地保留有大量的古文化遗址，这里的水草世世代代地哺育着古老中华民族的子孙。

建国以来，文物考古工作者对镇赉县曾进行过几次考古调查。1984 年为编写各县市文物志书曾进行过一次全县文物大普查，共发现古生物化石出土地 5 处、新石器时代遗址 42 处、青铜时代遗址 65 处、辽金时期遗址 23 处、古城址 4 处、古墓葬 3 处、明代遗址 1 处、清代遗址 1 处及历代寺庙址 12 处；采征集文物三千余件，基本上掌握了镇赉县文物分布情况和历史进程，这些遗存基本上反映了镇赉县 4 千多年来人类生活的大体轮廓。2007 ～ 2009 年进行了第三次全国文物普查。在各级文物主管部门高度重视、大力支持、通力合作下，镇赉县博物馆及镇赉县文管所又组织一批有多年田野调查工作经验的老同志，带领一批新同志，克服种种困难、发扬吃苦耐劳、勇于拼搏的精神，历时三年对镇赉县所属乡镇重新认真进行了全面复查、调查。此次调查成果丰硕，弥补了以往工作中的不足，理清了各时期文化遗存在镇赉县的分布情况。此次普查复查遗址 102 处，新发现遗址 119 处，其中旧石器时代遗址 1 处，新石器时代遗址 117 处，青铜时代遗址 47 处，辽金时期遗址 30 处，元明清时期遗址 21 处，近现代遗址 5 处。由于洪水灾害和长年风雨蚀剥及人为的取土破坏，现已消失遗址 5 处。这次普查的成果科学、翔实，为国家提供了大量的珍贵资料。

镇赉县的古代遗存大体可分为旧石器时代、新石器时代、青铜时代、辽金时期和元明清时期五个时期。镇赉县的旧石器时代考古工作开展的比较晚，遗址仅发现一处即白沙滩旧石器时代遗址。该遗址于 1998 年春由吉林大学考古学系陈全家教授及部分师生发现，1999 年春陈全家教授又对该遗址进行了复查，两次调查共采集石器标本 86 件，哺乳动物化石 45 件，现藏吉林大学边疆考古研究中心。

镇赉县新石器时代遗址几乎遍布全县，其中以洮儿河流域的到保镇、黑渔泡镇、沿江镇，嫩江流域的嘎什根镇、大屯镇等较为集中，这些遗址所属年代为新石器时代中晚期至新石器时代晚期。镇赉镇二井子遗址（1987 年 10 月 24 日被吉林省人民政府批准为省级保护单位）、哈吐气乡东哈吐气北岗遗址、坦途镇向阳南岗遗址（2012 年被国务院批准为国家级保护单位）、黄家围子北岗遗址等可定为新石器时代中晚期遗址。这些遗址中出土的陶片多夹粗砂或夹蚌粉，火候低，手制，纹饰多见附加堆纹、戳印纹和压印纹等，器形以罐为主，年代距今 5500 ～ 6000 年。精美的细石器和大量的鱼骨及蚌壳的存在，说明渔猎经济在当时的经济生活中占有重要位置。上述遗存的文化面貌同黑龙江省的昂昂溪（齐齐哈尔市南）文化相近似。

在商周时期，东北地区的肃慎、秽貊、东胡三大族系均向中原供奉方物，臣服于中原。

中原的使者也往来于东北各地,并将各族人民的生活习俗载入史册。《山海经》《逸周书》《孟子》中都有关于秽貊、东胡族的记载。

从遗址分布状况看,新石器时代遗址主要分布于嫩江、洮儿河流域和北部地区,而青铜时代遗址则主要分布于南部和中部地区。这是由于三千年前东南部和中部地区水势较大,水患较多,不适于人类居住的缘故,进一步反映出古代人类与地理环境的关系。

根据史料记载,汉末及三国两晋南北朝时期,今镇赉地区先后为夫余、鲜卑两族居地。夫余当时隶属于汉玄菟郡管辖,而鲜卑族在东汉时隶属于辽东属国,后则为北魏属地。《三国志·魏志·东夷传》夫余条记载,"夫余,在长城之北,去玄菟千里,南与高句丽、东与挹娄、西与鲜卑接。"在这一历史阶段里,中原战争频繁,民不聊生,大批汉族知识分子和平民百姓向北流徙,投入了鲜卑族。鲜卑统治者大力招贤纳士,很快发展强大起来,它东驱勿吉,南逐高句丽,占有夫余故地之大部,终于在四世纪末建立起强大的北魏政权,一度统治了中国的半壁河山。

目前在镇赉县境内尚未发现或辨识出确切的鲜卑族遗物,这是今后应引起注意的一个研究课题。

隋唐时期,镇赉地区为室韦和契丹族居地。唐初,镇赉北部属黄头室韦,南部属契丹。《新唐书·东夷列传》记载:"达姤,室韦种也,在那河阴、冻(涑)末河之东,西接黄头室韦,东北距达末娄。"这段记载说明室韦的达姤部处在嫩江之东和松花江之南,在今黑龙江省肇州、肇源县和我省松原市一线。而"西接黄头室韦",恰好说明今镇赉一带属黄头室韦部。唐初曾设室韦都督府管理室韦族事宜,后来契丹族很快强盛起来,逐渐向四周扩展势力,黄头室韦开始北移,今洮儿河流域尽属契丹领地。《新五代史·四夷附录》契丹篇记载:"契丹居地,黄水之南,黄龙之北,得鲜卑之故地……。当唐之世,其地北接室韦,东临高丽,西界奚国,而南至营州。"可见,在盛唐之时,镇赉地区已是契丹族生息之地了。唐朝在营州(今辽宁朝阳)设立松漠都护府,以管理契丹、室韦、奚等各族事宜。在考古调查中,在嫩江西侧,洮儿河北岸发现一些契丹族早期遗物,是与历史记载相吻合的。

在宋朝统治中原的三百多年时间里,我国东北、华北、内蒙古一带先后建立起辽和金两个强大的地方政权。十世纪初,契丹族建立了辽国。在辽代早期,为了巩固其在荒原大漠中的统治,仿照中原,开始修筑坚固的城池。在嫩江下游建立了长春州(今吉林省前郭县塔虎城),在洮儿河中游建立了上京道泰州(今吉林省洮南市城四家子城),并在州城的周围建立了一定数量的县城,组成了一套较完善的政治、军事统治网。在辽代,镇赉地区一直归属泰州管辖,县境内的好斯台古城、大乌兰吐古城和十家子古城均为辽代所建,一度是这一地区的政治、军事、经济、文化中心。这十几座古城,除十家子古城外，周长均在千米左右，城墙遗迹清楚，有的带有瓮城、角楼，城内遗物丰富，大量的青砖、布纹瓦、陶器、瓷器残片表现出鲜明的时代特征。

十二世纪初，女真族建立了金国，并且很快打败了辽和北宋，统治了我国北方地区，镇赉地区便成为金的属地，仍归泰州管辖，隶属于临潢府（今内蒙古巴林左旗林东镇）。金代统治者除沿用辽代修建的旧城外，还修筑了一些新城和小城堡，作为县城和"猛安谋克"政治军事组织的驻扎地。镇赉东南部的后少力根古城和西北部的前双庙南岗城堡，即为金代修筑。金初，太祖完颜阿骨打曾命大将婆卢火率部民万余户来洮儿河两岸定居垦植，使这一带得到了空前的开发，至今洮儿河南北两岸金代遗存仍较多见。金代中期，曾降泰州为金安县，改长春州为新泰州，隶属临潢府，镇赉也改属新泰州管辖。

几次文物普查在县境内共发现辽金时期遗址、城址、墓葬六十多处。大量的陶器、瓷器、铁器、建筑构件证明在辽金时期这一地区已普遍有人居住，并且发展迅速。青砖、布纹瓦、辽白瓷、黄白釉铁花瓷、鸡腿坛、酱釉粗瓷片、辽三彩瓷片、小铁刀等都具有明显的辽代特征。带有边刻的铜镜、鱼纹铁釜、白釉黑花瓷罐、黑釉粗瓷罐等遗物都具有明显的金代特点。

在辽金时期，契丹、女真两族虽然互为统治与被统治民族，但是两族人民之间的经济往来、文化交流一直占主导地位。后来兴起的女真人又多沿用了辽代的城堡和村落，这样就给一些遗物断代带来一定困难，从目前采集的遗物看，尚难以将辽代和金代的遗物截然分开，尤其是发展较为缓慢的陶器更是难以辨认。因此，本书把辽代及金代遗存统称为辽金时期遗存不做细致划分。

但总的来看，辽代契丹族的生活方式还带有一定的游牧特点，而金代女真人的生活方式已发展为以农耕为主的较为安定的生活了。

在元至清代中期将近七个世纪的时间里，镇赉地区一直属于蒙古王公贵族的领地。除游牧之外，很少有其他生产活动，人烟稀少，呈现一派"天苍苍，野茫茫，风吹草低现牛羊"的景象，因此，这一时期的遗存较少。

元代，镇赉地区先后归辽阳省泰宁府、泰宁路（治所均在今吉林省洮南市城四家子古城）管辖。《元史·仁宗记》记载："延祐二年二月庚子，改辽阳省泰州为泰宁府。延祐四年二月癸亥，升泰宁府为泰宁路，仍置泰宁县。"这条记载说明元代仍沿用了辽金时期的泰州城。元代遗物仅见有瓷碗、瓷盘等。后少力根古城内较多素面陶片具有元代特征，说明元代仍然沿用了这座古城。后少力根古城处于嫩江、洮儿河交汇处，扼嫩江、洮儿河、松花江水运之咽喉，当年必定是一处军事要冲。

明代，镇赉地区隶属奴尔干都司的塔儿河卫。据史料记载，明初（1387年），明朝大军出师东北，消灭元残余纳哈出势力，统一了东北全境，设三百八十余处卫所加强统治，并曾为东北的开发做出了一定的贡献。但镇赉一带多为草原沙漠人烟稀少之地，其开发速度远远不及松辽平原。明代遗址在 1984 年第二次普查时发现哈吐气乡张海屯北岗一处，随后二十几年至第三次普查又陆续发现 16 处。历次文物普查收集到的明代遗物主要为陶瓷器残片，瓷器主要为灰蓝釉青花瓷器，其中瓷碗多为侈口，直壁，大圈足，普遍具有粗糙厚重坚实的特点。

清代初期，在今内蒙古东部，吉林、黑龙江两省西部设立了科尔沁十旗（会盟于哲里木）。从清初至光绪三十四年（1908 年）镇赉地区一直属于哲里木盟科尔沁右翼后旗镇国公的封地，在这段时间里，由于清朝统治者对东北实行封禁政策，不许汉人进入这里居住垦植，所以这里仍然是供游牧的荒原草莽之地。这一时期的典型遗址很少，只有一些"敖包"和畜牧点分布于江河、泡沼沿岸。虽然遗址较少但清代的青花瓷片却多有发现，说明当时人们仍然过着游牧生活，定居点很少，这便是清代遗物不少而遗址甚少的原因。

清代早、中、晚期在镇赉先后建立起数十座大大小小的寺庙，这些寺庙一度成为这片大草原上的政治、文化活动中心，有的规模之大，工程之艰，在这里都是空前的。大量的青砖、鸱吻、瓦片及耆老回忆的建筑技巧、布局，反映出当时的建筑技术是很高超的，可惜均在解放前后拆除，现在一座不见。

清代末年，镇赉开始设县治。据《镇东县志》记载："光绪三十四年（1908 年）印军济克特加卜以修公府及喇嘛庙亏银六万余两，赴洮（南）寓庆升号贷款。荒务局总办毛祖模派员与印军赴镇国公府同镇国公拉喜敏珠尔议定洮儿河北六十里，西至扎萨克王旗界，东至扎赉特旗界（开放）。宣统元年（1909 年）续放至乌鸦站（今东屏一带），南北五十里、东西宽三五十里或七八十里。宣统三年（1911 年）续放至马鞍山（今坦途一带）。"这段记载详细地说明了今镇赉县中部地区破除封禁允许汉人居住开垦土地的经过。县境内除较大的到保、东屏、坦途等村屯外，多数村屯都是在开放后建立的，一般只有六七十年的历史。

1909 年（清宣统元年）镇赉才堪定县界，设置了县治。因在设置前这里属于科尔沁右翼后旗镇国公封地的东部，故设治后定县名为"镇东县"，隶属于奉天省洮南府。当时县内辖五区，县城内、珲春庙区、套保区、拉斯嘎区、东屏区（今镇赉县东部地区当时属赉北县）。

1934 年 12 月，镇赉县改由龙江省管辖。

1945 年 8 月 15 日，日本帝国主义投降后，县境内出现了维持会、保安队等地主、土匪武装进行"维持"和统治局面，广大人民仍然处于水深火热之中。

1946 年 1 月，镇东县划归辽吉省管辖。

1947 年 8 月 14 日，镇东县与赉北县北部（嫩江西岸、洮儿河北岸）合并，取名镇赉县，县治所设在镇赉城（原镇东镇），归属辽北省管辖。

1948 年 7 月，镇赉县划归嫩江省管辖。

1949 年 9 月，镇赉县划归黑龙江省管辖。

1954 年 8 月 1 日，镇赉县划归吉林省白城地区（1993 年设市）管辖至今。

镇赉大地以其密集的遗址，具有地方特点的文物在中华民族的史册上留下了自己的一页。数千年的人类生活史都已经过去了。如今，镇赉县人民正在中国共产党的领导下，在社会主义改革开放和建设中谱写着新的历史篇章。

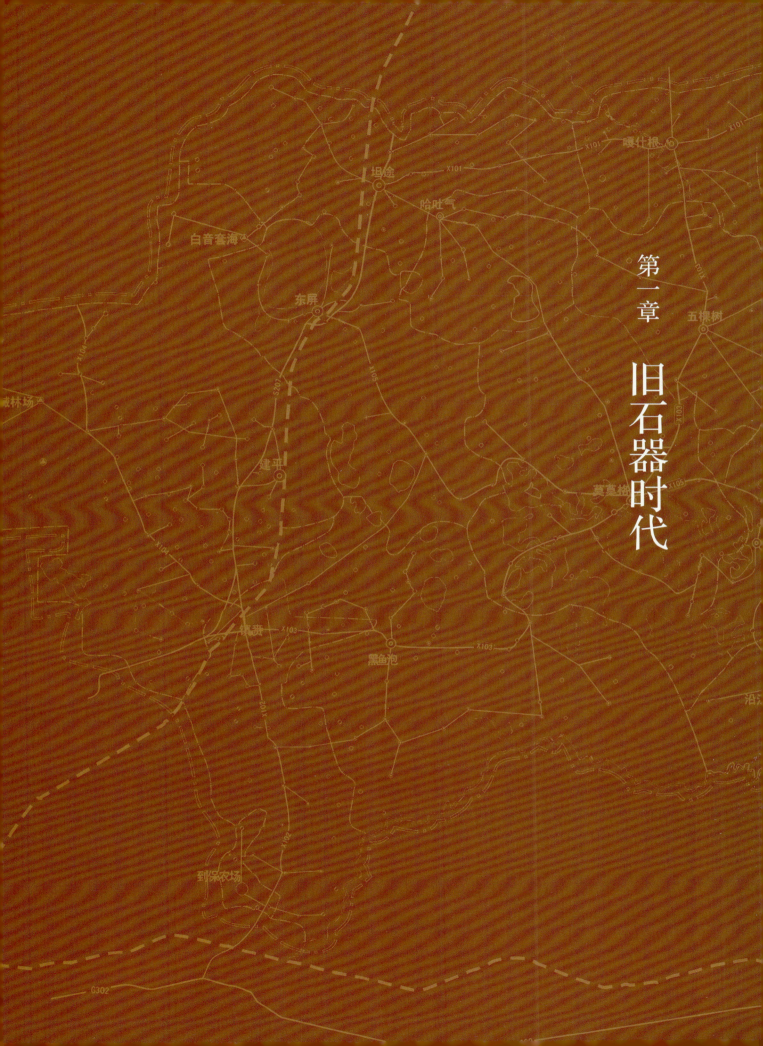

第一章

旧石器时代

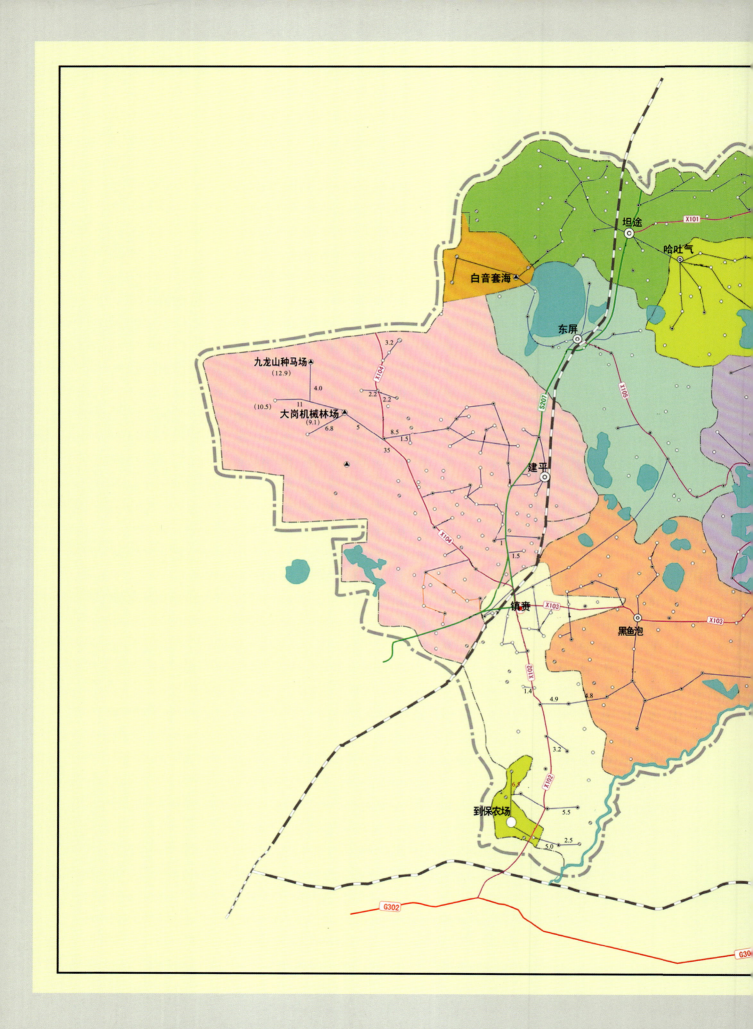

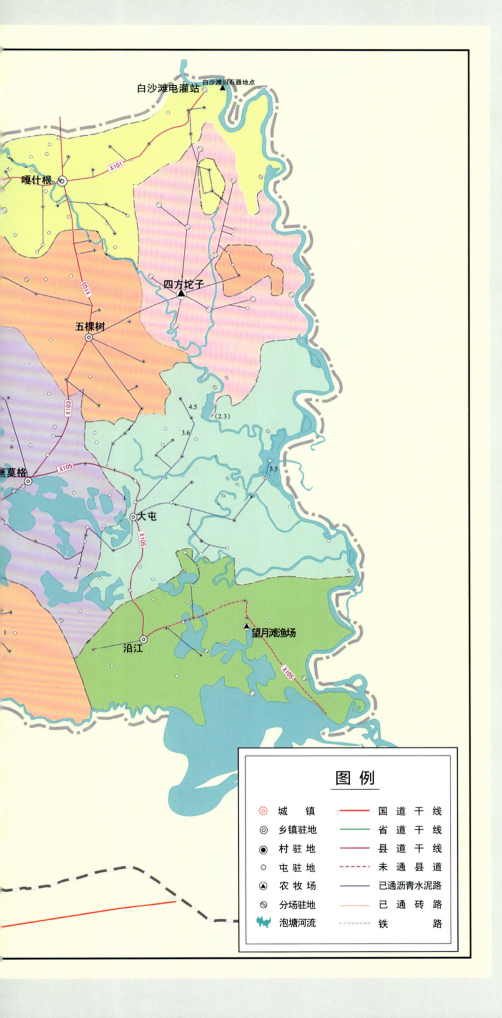

镇赉县旧石器时代遗址分布图

白沙滩电灌站　白沙滩旧石器地点

嘎什根

四方坨子

五棵树

4.5
(2.3)
3.6
3.5

莫格

大屯

1

望月滩渔场

沿江

X101
X101
X101
X105
X105
X105
X105

图 例

◎ 城　镇		── 国 道 干 线	
◎ 乡镇驻地		── 省 道 干 线	
◉ 村 驻 地		── 县 道 干 线	
○ 屯 驻 地		---- 未 通 县 道	
▲ 农 牧 场		── 已通沥青水泥路	
◎ 分场驻地		── 已 通 砖 路	
🐟 泡塘河流		┄┄ 铁　　　路	

野牛角化石

更新世晚期
残长 42 厘米
沿江镇龙坑出土

王氏水牛角化石

更新世晚期
角距 82.5 厘米，高 40 厘米
白沙滩古人类活动遗址出土

野牛角化石

更新世晚期
长 128.5 厘米
税务局家属楼出土

披毛犀头骨化石

更新世晚期
长 83 厘米，宽 30 厘米
镇赉县排水站出土

野牛角化石

更新世晚期
通长 50 厘米
沿江镇供销社出土

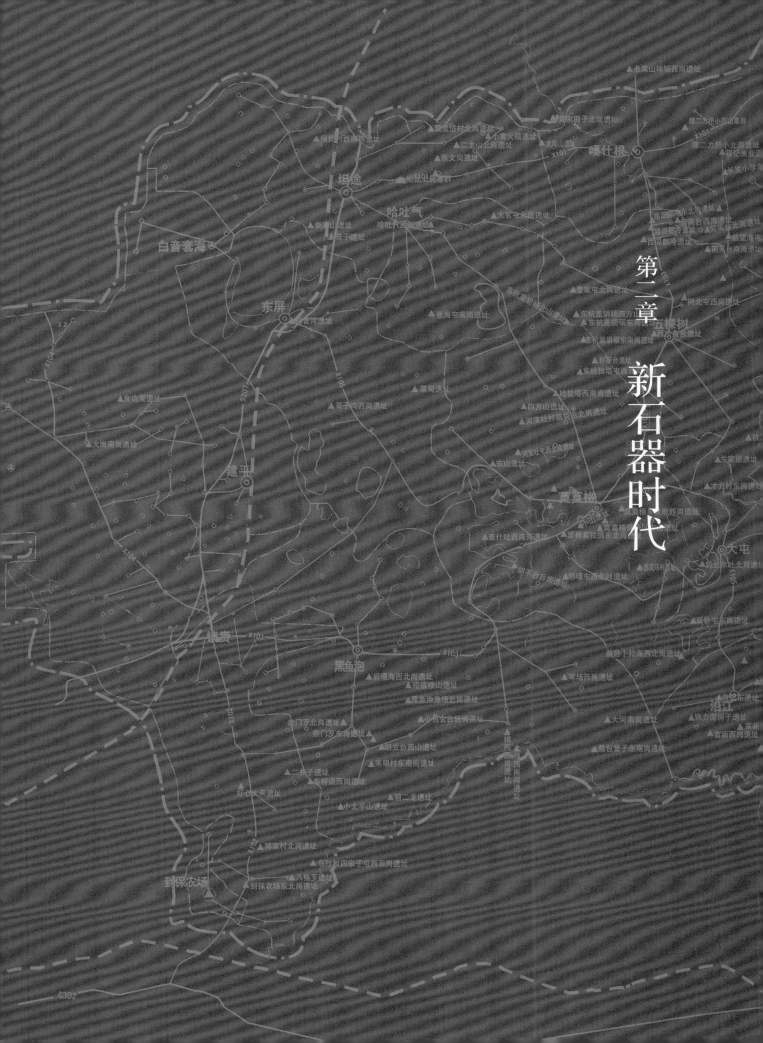

第二章 新石器时代

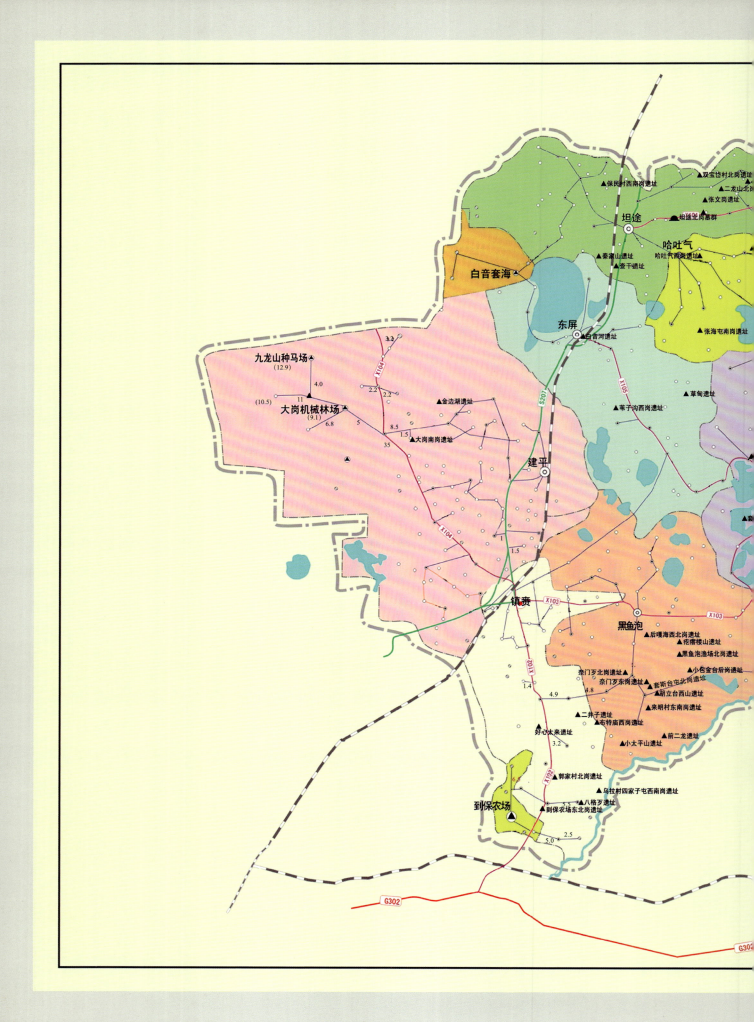

镇赉县新石器时代遗址分布图

矛形石犁

通长 28 厘米
到保农场二分厂出土

舌形石犁

通长 33.5 厘米
到保乡一棵树村出土

刮削器

长 5 厘米，宽 4.5 厘米，厚 0.7 厘米
保民马场出土

石片

长 3.3 厘米，宽 1.4 厘米
胜利乡二井子村出土

刮削器

长 4.7 厘米，宽 2.7 厘米
到保那汉召出土

石锄

长 13.5 厘米，宽 4.3 厘米
大屯镇英台村出土

鹤嘴锄

残长 8.1 厘米，最宽 4.4 厘米
大屯镇出土

石斧

长 8.5 厘米，最宽 5.5 厘米
黑鱼泡大河宝吐遗址出土

石斧

长 18 厘米，宽 13 厘米
杏花村东北岗出土

石磨具

磨盘长 39 厘米，宽 27 厘米，厚 8 厘米

磨棒长 29 厘米，宽 5 厘米，中间厚 3.2 厘米

八格歹村出土

石矛

长 16 厘米，最宽处 4 厘米
大屯镇五家子村出土

石镞

长 4.5 厘米，宽 2.8 厘米
嘎什根乡二力把村出土

石镞

长 5.2 厘米，宽 1.8 厘米
镇赉县二井子出土

石镞

长 4 厘米，宽 0.8 厘米
东屏镇那其海出土

玉斧

通长 14.3 厘米，中部宽 7.4 厘米，厚 1.6 厘米
镇南聚宝山西 4 千米沙场出土

玉斧

通长 11 厘米，刃宽 4 厘米
镇南聚宝山西 4 千米沙场出土

玉饰

长 7 厘米，宽 2 厘米，厚 1.3 厘米
莫莫格乡套什吐村出土

玉环

外径 10 厘米，内径 7.9 厘米，厚 1.5 厘米
镇南聚宝山出土

玉环

内径 7.9 厘米，外径 10 厘米，厚 1.5 厘米
镇南聚宝山出土

玉坠

长 3.5 厘米，宽 0.8 ～ 1.2 厘米
东屏镇太平村那其海屯出土

玉珠

直径 4 厘米
镇南聚宝山西 4 千米沙场出土

石人头像

高 10.5 厘米，宽 2 ～ 5.3 厘米

镇南种羊场山头出土

第三章

青铜时代

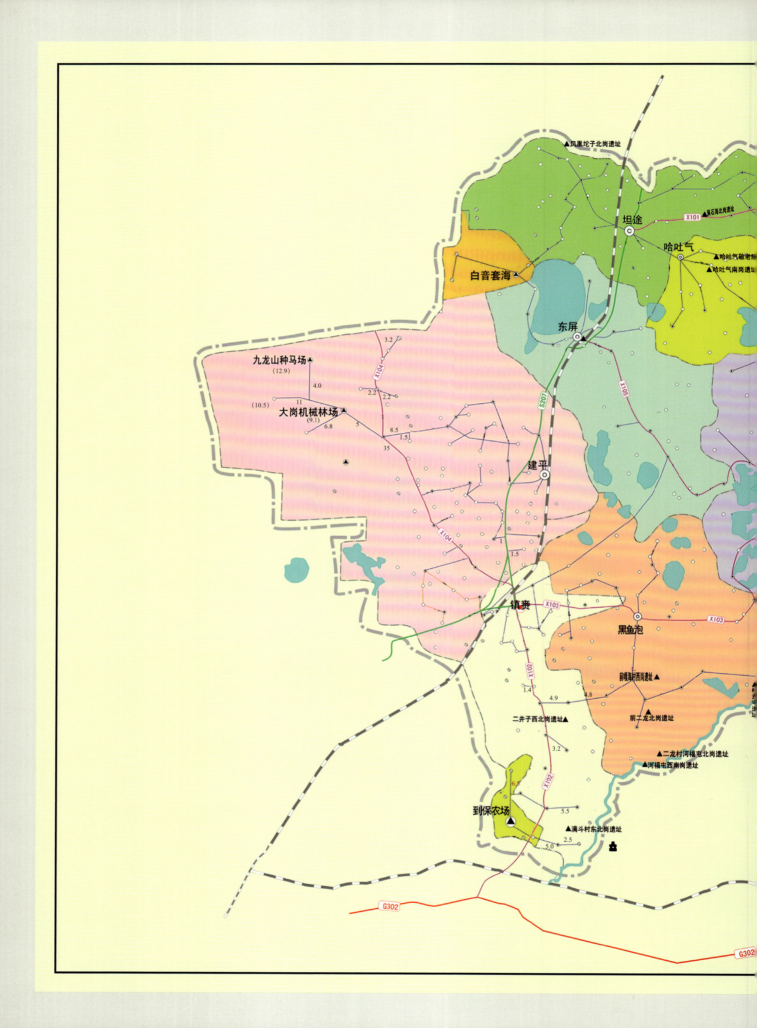

▲凤凰坨子北岗遗址

坦途 ◎

X101

▲夏石海北岗遗址

哈吐气 ◎

▲哈吐气敬老院

白音套海 ▲

▲哈吐气南岗遗址

东屏 ◎

3.2

九龙山种马场 ▲
(12.9)

X104

4.0

S207

X105

2.2

2.2

(10.5)   11

大岗机械林场 ▲

(9.1)   6.8   5

8.5

建平 ◎

1.5

35

1

1.5

镇赉 ◎   X103

黑鱼泡 ◎

X103

前嘎海村西岗遗址 ▲

X202

1.4   4.9   4.8

前二龙北岗遗址

二井子西北岗遗址 ▲

3.2

▲二龙村河福屯北岗遗址
▲河福屯西南岗遗址

6.5

X102

到保农场   5.5

▲满斗村东北岗遗址

5.0   2.5

G302

G302

镇赉县青铜时代遗址分布图

图 例

古人类活动地
古化石出土地
古遗址
古墓葬
古城址
寺庙筑址
帝国主义侵华遗迹
革命纪念地
风景名胜

图 例

◉ 城　镇	── 国 道 干 线
◎ 乡镇驻地	── 省 道 干 线
◉ 村 驻 地	── 县 道 干 线
○ 屯 驻 地	---- 未 通 县 道
▲ 农 牧 场	── 已 通 沥 青 水 泥 路
◌ 分 场 驻 地	── 已 通 砖 路
泡塘河流	✕✕✕ 铁　路

红衣陶壶

口径 10.8 厘米，腹径 23.3 厘米，底径 8.3 厘米，通高 27 厘米
坦途北岗子遗址出土

红衣陶壶

口径 11.2 厘米，腹径 30.2 厘米，底径 6.6 厘米，通高 30.5 厘米
坦途北岗子遗址出土

长颈陶壶

口径 7.5 厘米，腹径 13.3 厘米，底径 6 厘米，高 19.6 厘米
坦途北岗子墓葬出土

单耳陶壶

口径 9 厘米，腹径 11.9 厘米，底径 6.5 厘米，通高 13 厘米
坦途北岗子墓葬出土

红衣陶壶

口径 6.5 厘米，腹径 10.5 厘米，底径 7.6 厘米，通高 13 厘米

胜利乡二井子遗址出土

陶罐

口径 9.5 厘米，腹径 14 厘米，底径 7 厘米，高 16 厘米
嘎什根乡西混都冷遗址

陶罐

口径 8.5 厘米，腹径 9.1 厘米，底径 5.5 厘米，高 8 厘米
坦途北岗子遗址出土

陶钵

口径 12.5 厘米，底径 6.5 厘米，高 7 厘米
坦途北岗子出土

熏炉

金代
口径 5 厘米，底径 5.3 厘米，通高 5.2 厘米
前大岗征集

铜人饰

金代
通高 7.5 厘米
征集

陶兽首

金代
头长 14 厘米，额宽 5.5 厘米
嘎什根乡什家子村征集

神兽铜镜

金代
直径 9.2 厘米
嘎什根乡栏杆岗子征集

三童持花铜镜

金代
直径 12.1 厘米
沿江镇什家子村出土

二龙戏珠铜镜

金代
直径 12 厘米
东屏砖厂出土

铜箸

金代
直径 0.3 厘米，长 16.5 厘米
嘎什根乡乌兰吐古城出土

鎏金压花铜筒状器

金代
长 6.7 厘米，直径 1.8 厘米
东屏镇砖厂

铜铧范

金代
长 43 厘米，宽 33 厘米
沿江镇代鲁岗子出土

铁铧

金代
长 33 厘米，宽 30 厘米
坦途镇保民村征集

铁铧

金代
长 31 厘米，宽 26 厘米
坦途镇保民村征集

铁铧

金代
长 31.3 厘米，宽 26 厘米
坦途镇保民村征集

鱼纹铁釜

金代
口径 37.6 厘米，底径 34.4 厘米，高 6 厘米
沿江镇后少力古城出土

"行尚书六部"印

金代

边长 7.5 厘米，高 3.2 厘米

大屯镇五家子村出土

第五章

元明清时代

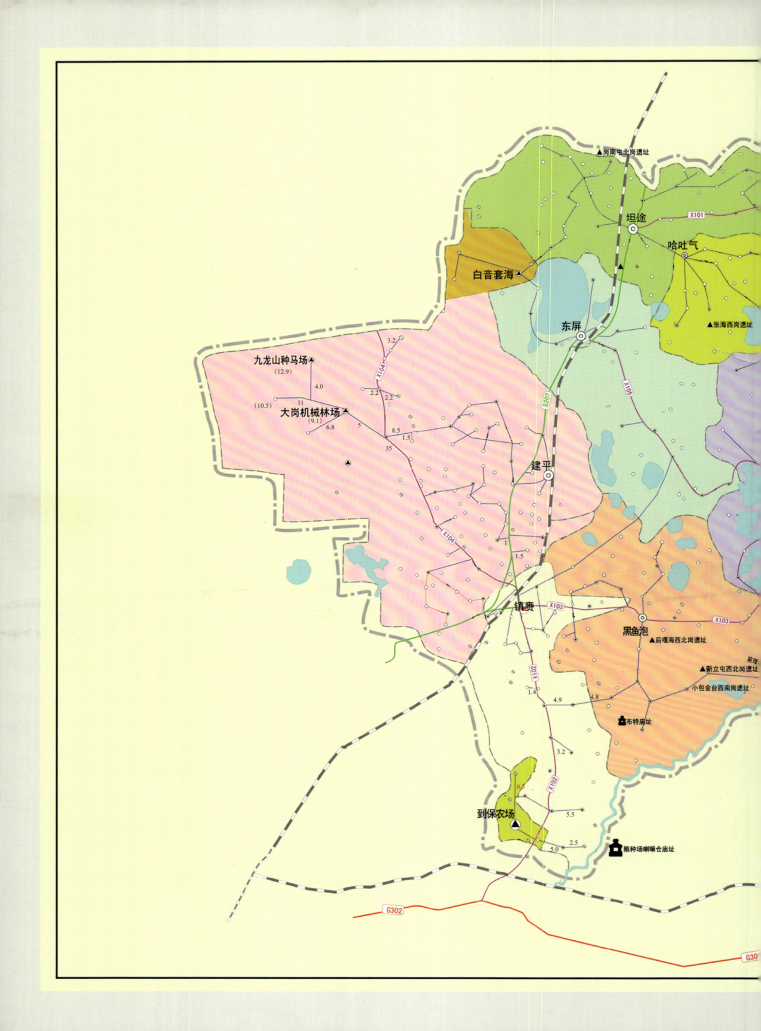

▲岗南屯北岗遗址

坦途 X101

哈吐气

白音套海▲

东屏

▲张海西岗遗址

X105

3.2

九龙山种马场▲
(12.9)

X104

4.0

2.2

2.2

(10.5)   11
大岗机械林场▲
(9.1)   6.8   5   8.5
35   1.5

建平

S207

1

1.5

镇赉   X103

黑鱼泡

▲后嘎海西北岗遗址

▲新立屯西北岗遗址

小包金台西南岗遗址

1.4   4.9   4.8

布特庙址

3.2

X102

6.5

到保农场

5.5

2.5

5.0   粮种场喇嘛仓庙址

G302

G30

镇赉县元明清时代遗址分布图

白沙滩电灌站
丹岱
丹岱南小庙
嘎什根
X101
后英台
拉杆庙址
四方坨子
五棵树
五棵树关帝庙址
铁力村喇嘛庙址
拉杆庙址
X103
4.5
(2.3)
3.6
那乃西南山遗址
X105
莫格
3.5
哈尔挠水库
谢台庙遗址
大屯
好什吐庙址
大屯西山建筑遗址
X105
明嘎屯西南岗遗址
后少力古城址
望月滩渔场
1
X105
寿庙庙址
大河南岗遗址
村前庙南岗遗址
沿江

图 例

古人类活动地
古化石出土地
古遗址
古墓葬
古城址
寺庙筑址
帝国主义侵华遗迹
革命纪念地
风景名胜

图 例

城 镇 —— 国 道 干 线
乡镇驻地 —— 省 道 干 线
村 驻 地 —— 县 道 干 线
屯 驻 地 ---- 未 通 县 道
农 牧 场 —— 已通沥青水泥路
分场驻地 —— 已 通 砖 路
泡塘河流 ━━ 铁 路

磁州窑白地黑花瓷瓮

元代
口径 18 厘米，底径 15 厘米，通高 39.4 厘米
嘎什根乡什家子村出土

磁州窑白地黑花器盖

元代
直径 10 厘米
沿江镇后少力古城出土

青绿釉瓷盘

元代
直径 19.7 厘米，高 3.8 厘米
镇赉县城内征集

吾剌毛舟站印

元代
边长 5.6 厘米，鼻高 5 厘米
沿江镇南莫出土

建筑饰件

元代
长 31 厘米，宽 18.5 厘米
沿江镇后少力古城出土

滴水

元代
残长 14.5 厘米
沿江镇后少力古城出土

板瓦

元代
长 29.6 厘米，宽 18.6 厘米
沿江镇后少力古城出土

青花瓷碗

明代
口径 13.3 厘米，足径 8 厘米，高 6.5 厘米
原英华乡出土

莲花座大肚铜佛像

明代

高 9 厘米

黑鱼泡乡后嘎海村征集

铜关羽像

明代
高 10.8 厘米
征集

八手十一铜佛像

明代
高 16.2 厘米
沿江镇南莫征集

紫砂蜡台

明代
底座直径 4.5 厘米，高 8.4 厘米
黑鱼泡镇双龙山后棉山召屯征集

青花瓷碗

清代

足径 11 厘米，口径 25 厘米，高 10.5 厘米

东屏镇东合勒村出土

青花瓷碗

清代

口径 23.5 厘米，足径 9.7 厘米，高 10.3 厘米

英华乡两家子屯出土

寿字青花瓷碗

清代

口径 18 厘米，足径 8.5 厘米，高 7.6 厘米

原到保乡双龙村八间房出土

山水画瓷盘

清代
口径 14.5 厘米，底径 7.2 厘米，高 3 厘米
原到保乡双龙村出土

霁蓝釉瓷瓶

清代
口径 5.4 厘米，足径 9 厘米，高 24.1 厘米
黑鱼泡镇三门王家征集

青花喜字瓷罐

清代
口径 16.4 厘米，底径 14.5 厘米，高 15 厘米
沿江镇后少力征集

菊花瓷罐

清代
口径 6.6 厘米，底径 6.4 厘米，通高 10.2 厘米
镇赉县城西南征集

荷花瓷瓶

清代
口径 3.6 厘米，底径 3.8 厘米，高 15.9 厘米
镇南山头羊队征集

青花喜字瓷撙瓶（一对）

清代
（1）口径 8.9 厘米，高 23.7 厘米
（2）口径 8.1 厘米，高 22.8 厘米
莫莫格乡谢台庙屯征集

（1）   （2）

胭脂红瓷痰盂

清代
口径 14 厘米，高 9.3 厘米
坦途向阳村征集

陶罐

清代

盖径 13.5 厘米，板檐宽 2.5 厘米，口径 10.5 厘米，底径 10.7 厘米

莫莫格乡元宝吐屯征集

玉鼻烟壶

清代
口径 1.2 厘米，高 5.7 厘米
嘎什根乡征集

斗鸡瓷鼻烟壶

清代
口径 1.7 厘米，腰宽 7.3 厘米，通高 8.1 厘米
镇南山头羊队征集

三彩狮子花插

清代
通高 23.6 厘米
莫莫格乡米太村谢台庙屯征集

铜弥勒佛像

清代
高 12 厘米
镇赉县城内土产公司收购站征集

铜骷髅

清代
通高 5 厘米，宽 2.5 厘米
莫莫格乡谢台庙屯征集

铜勺

清代
长 20 厘米
镇赉县工行办公楼地基出土

铜蜡台

清代
高 19 厘米
征集

双耳三足铜香炉

清代
直径 12.3 厘米，高 6.5 厘米
征集

锡壶

清代
口径 2.4 厘米，底径 3.7 厘米，高 11.7 厘米
莫莫格乡包力村大四家子屯征集

铁釜

清代
口径 100 厘米，高 54 厘米
嘎什根乡丹岱屯征集

莲花座木看台

清代
长 41.5 厘米，高 9 厘米
征集

建筑饰件

清代
残长 14 厘米，厚 2 厘米，高 10.7 厘米
大屯镇西山建筑址出土

饰件

清代
长 11 厘米，厚 4 厘米，高 10 厘米
大屯镇西山建筑址出土

瓦当

清代
直径 13 厘米，厚 2 厘米
大屯镇西山建筑址出土

瓦当

清代
直径 11.6 厘米，宽 8.5 厘米
沿江镇后少力古城出土

檐瓦

清代
残长 13.4 厘米，宽 13 厘米
沿江镇后少力古城出土

檐瓦

清代
残长 9.4 厘米，宽 15 厘米
沿江镇后少力古城出土

琉璃瓦

清代
长 30 厘米，宽 13 厘米
大屯镇西山建筑址出土

琉璃瓦

清代
长 18.7 厘米，宽 11.1 厘米
沿江镇后少力古城出土

咸丰重宝

清代
直径 5.5 厘米
征集

编后语

　　嫩江水清，月亮湖净，草原肥美，江河纵横，镇赉，堪称是镶嵌在松嫩平原上一颗璀璨的明珠，历史文化丰富而悠久，原始先民在这块仙鹤迷恋的土地上，用自己的聪明才智和勤劳双手，创造了一个又一个历史文明，为后人留下了宝贵的财富。

　　《镇赉文物精粹》经过几年的整理和编写，今天终于与广大读者见面了，她是镇赉县有史以来第一部公开出版的专业图集。书中所收录的文物是镇赉县几代文物工作者经过不懈努力收集的丰硕成果，每一件文物的背后，都沁满了镇赉文物工作者的辛勤汗水。同时也感谢那些无私捐赠的广大群众，他们不计任何报酬，主动捐献文物。在众多的捐献者中，有些甚至家境贫寒、生活艰难。此举折射出他们纯朴、无私、高尚的品德，让我们潜然泪下。每一件文物都是产生它的那个时代的象征，是历史和文化的双重载体，希望通过《镇赉文物精粹》的介绍，能够唤起人们对文物的珍惜和爱护之情，为弘扬中华民族优秀文化、传承中华民族美德起到作用。

　　《镇赉文物精粹》的出版，标志着镇赉县文物工作者30多年来在文物征集、采集工作取得了长足的进展。现今，镇赉县已迈入文物大县的行列之中。本书自2011年开始着手编写，2013年末完成初稿。本书按照历史年代顺序编排，共分五部分，每部分所精选的文物，都代表了镇赉县各时期的文物特点。本书在编写过程中，得到了吉林省文物考古研究所研究员王洪峰老师的指导，初稿完成后，王洪峰老师又对本书进行了修改。参与编写和先期整理工作的有张洪旭、孙利峰、李建波、韩宇。摄影是由吉林省考古研究所的赵昕老师完成的。在此表示感谢。

　　在这里特别说明的是，本书出版的所有费用，都是由吉林省文物考古研究所帮助支持的，我们借本书出版之际，对宋玉彬所长、安文荣所长及吴辉书记表示衷心感谢。

刘雪山

2015 年 7 月